algar

EL NORTE
ÚLTIMOS TÍTULOS PUBLICADOS

1. *Economía para un futuro sostenible.* Vicent Cucarella
2. *Y tú, ¿eres feminista?* Gemma Celestino
3. *Cambiemos las reglas.* Patricia Campos y Teresa Broseta
4. *Laura juega con el móvil.* Enric Senabre

Existen unas propuestas didácticas referidas a este libro que se pueden descargar de forma gratuita desde la página web www.algareditorial.com.

Derechos cedidos por Edicions Bromera, SL
Título original: *Laia juga amb el mòbil*
© Enric Senabre Carbonell, 2024
© Traducción: Jesús Cortés Zarzoso, 2024
© Ilustraciones: Anna Gisbert Cardona, 2024
© Algar Editorial
    Apartado de correos 225 - 46600 Alzira
    www.algareditorial.com
Diseño de la colección: Carles Barrios
Impresión: Guada Impressors

1.ª edición: febrero, 2024
2.ª edición: abril, 2024
ISBN: 978-84-9142-727-8
DL: V-224-2024

Laura juega con el móvil

Enric Senabre

Ilustraciones de Anna Gisbert

el norte

A Vera y Sofia,
ayuda e inspiración

1

Laura y familia

La familia Román Velasco era una familia normal, aunque decir eso es decir muy poco, porque las familias son todas diferentes y todas normales: las hay con dos padres o con dos madres; también están las que viven con los abuelos, las que se reparten en dos casas porque los padres están divorciados y otras en las que solo convive uno de los progenitores porque el otro no está o nunca ha estado. La familia de Laura estaba formada por su madre, su padre y Ana, su hermana. También por su abuela María, la madre de su padre, que las cuidaba cuando no podían hacerlo ellos. Ah, y también tenía un amigo secreto, con quien compartía sus confidencias.

Desde pequeña, Laura, de aspecto débil, piel blanca y cabello rubio, siempre por debajo del peso que debía tener a su edad según la pediatra, era una niña reservada y poco habladora. Quizá por timidez o por vergüenza, prefería estar sola y, por eso, necesitaba un compañero con quien jugar y a quien contarle sus preocupaciones. Su amigo secreto le hacía compañía y con él se sentía confiada y segura, aunque nadie lo conocía, solo ella.

Ana, su hermana, de complexión física completamente diferente, morena de piel y pelo y más corpulenta, de carácter extrovertido y simpática, sabía ser el centro de atención de todas las reuniones y era la líder de su grupo de amigos y amigas. En cambio, para ella era una pesada, porque era la mayor y creía que lo sabía todo y podía mandar siempre, aunque no tenía un amigo secreto como ella y no sabía lo que él le contaba.

Su madre y su padre también eran muy plastas. Siempre estaban pendientes de ella, controlándole el móvil, preguntándole si hacía los deberes, si comía o dormía. Alguna vez incluso estuvieron a punto de descubrir a su amigo oculto, pero no llegaron a conocerlo. La mejor era la abuela, que llegaba a casa para cuidar de ellas y se dormía, y Laura podía hacer lo que quería todo el rato. En cambio, sus padres eran un rollo, siempre preocupados, excepto cuando tenían cosas que hacer; entonces se olvidaban durante un rato de reñirla. En este sentido, su familia no era tan normal, porque las de sus amigas no fastidiaban tanto.

En lo que tampoco se comportaban como la mayoría era en el tema del móvil. Sus padres le controlaban

8

su uso, se lo dejaban solo cuando querían que no molestara o cuando ya había hecho los deberes o leído un rato. Por eso, muchas tardes se le hacían largas, y más aún porque tenían un sistema instalado que limitaba el tiempo de uso y las aplicaciones que podía utilizar. Las familias de sus amigas no eran tan meticulosas; a algunas les habían regalado un móvil para ellas solas y se lo dejaban casi siempre que querían, sin controlárselo tanto como a ella.

¿Ya tienes móvil, o todavía no te lo han comprado?

No te preocupes, no hay edad mínima ni máxima para tener uno, y depende mucho de lo que piense tu familia y de tu madurez. Y, aunque no tengas uno, seguro que entenderás las situaciones de las que hablaremos a continuación.

9

2

Atrapada por el móvil

Aquella tarde, Laura estaba concentrada jugando con el móvil viejo que tenía en casa, uno muy antiguo de su padre y que le dejaba porque no tenía suficiente capacidad para instalar nada, lo podía usar con el wifi de casa y le servía para unos cuantos juegos que tenía disponibles y alguna que otra aplicación que se había podido descargar. Cuando lo hacía, se ensimismaba tanto que no se daba cuenta de lo que pasaba a su alrededor. Era como si entrara dentro del juego y el resto del mundo desapareciera. En esa ocasión, su padre llevaba un rato hablándole, pero ella escuchaba una voz lejana a la que no hacía caso. Hasta que una mano la sacudió de manera decidida. Era él, que quería que lo escuchara.

—¡Eh, hazme caso! ¡Escúchame! Vamos, deja el móvil un momento y hablemos, que tengo muchas cosas que

contarte. ¿Ya? ¿Has acabado de jugar? ¿Has conseguido pasar de pantalla? Bien, perfecto. ¡Enhorabuena! Mira, quiero que hablemos sobre lo que tienes en las manos. Sí, ese aparato con el que te lo pasas tan bien, que te hace reír, emocionarte y conectar con tus amigos.

—¡Papá, mira que te pones pelma! —se quejó mientras miraba con los ojos hacia arriba, como en la carita de WhatsApp.

—No, no, espera. Enseguida sigues con el juego. Antes, hablemos un poco. ¿Qué estabas haciendo? Estabas muy entretenida y no me oías.

—Estaba jugando, y a punto de pasar de pantalla. ¡No querrías que lo dejara a medias!, ¿no?

—No, no, pero era como si estuvieses en otro planeta.

—Te oía, y no podía parar.

—¿Y piensas que eso está bien? ¿No crees que debes pensar que hay más cosas que hacer?

—¡Pero a mí me gusta jugar con el móvil! ¿Por qué tengo que hacer otras cosas? Además, tengo a mi amigo, con el que compito, y quiero ganarle.

—No te digo que no lo hagas, solo que no todo el rato. Porque, si te obsesionas, te olvidas de los juguetes nuevos que te regalaron y no nos haces caso ni a mí ni a tu hermana ni a tus otras amigas.

—¿Y si prefiero el móvil? Ahora no quiero los juguetes. Ana también está con el suyo. Y yo elijo cuándo y con quién quiero divertirme.

—Pero tú eres más pequeña y necesitas aprender más cosas y tener muchos amigos.

—Hoy no tengo deberes y no quiero hacer otra cosa.

—No te digo que hagas deberes, sino que te diviertas también con otros juegos que no sean los del móvil. Ya está bien, dámelo y haz otras cosas.

Y al final su padre se lo quitó y la dejó más aburrida que una ostra. Llevaba poco tiempo hablando con su amigo secreto, que había aparecido en la aplicación. Fue una alegría encontrarlo, porque compartían trucos y confidencias en el chat. Cuando él le contó que era un amigo secreto al que no podía ver, enseguida lo reconoció como su amigo invisible y se sintió más acompañada que nunca. Por eso le molestaba que su padre la dejara jugar tan poco, ya que se quedaba sin amigo. A pesar de todo, por un instante dejó de pensar en el juego y se marchó a la habitación, donde comenzó a montar un puzle que le habían regalado sus amigas por su cumpleaños, y se concentró tanto que no se dio cuenta de que pasaba el tiempo y ya era la hora de cenar. Al final, no era tan necesario estar con el móvil; entretenerse con otras cosas también era divertido, pero no se daba cuenta hasta que lo dejaba y se entretenía con ellas.

¿Te quedas hipnotizada con el móvil y no haces caso a nada más?

Pues tienes que pensar que hay más cosas y que no te puedes dejar atrapar por él. Los juegos a los que juegas están hechos para que estés pendiente del móvil en todo momento; los creadores han elaborado mecanismos ocultos que te seducen y te atrapan y debes aprender a no engancharte a sus trucos.

14

3

Ganar

El sábado siguiente habían quedado en casa de unos amigos de sus padres que tenían dos hijos de la misma edad. Ella se llevaba bien con Diego, un chico fuerte y corpulento, alegre y simpático con el que no se sentía cohibida y a quien también le gustaba entretenerse con el móvil; quizá fuera la razón por la que se lo pasaban tan bien juntos. Y su hermana se llevaba mejor con el mayor, Miguel, con el que podía hablar de sus cosas. Tanto Diego como Laura pensaban que sus respectivos hermanos mayores eran unos aburridos y unos pelmas, por eso se refugiaban en la habitación del pequeño. Además, los adultos, que querían hablar de sus cosas, se olvidaban de ellos y les dejaban los móviles para que no los molestasen. Estaban juntos, y competían en los mismos juegos, pero cada uno desde su dispositivo. Les daba tiempo de superar unas cuantas pantallas y se lo pasaban pero que muy bien, ya que se enfrentaban entre ellos y a los dos les gustaba ganar. Después se picaban entre ellos: el que había superado primero todas las pruebas y había acabado victorioso podía estar orgulloso y burlarse, mientras que el otro agachaba la cabeza y disimulaba la derrota.

—Ja, ja, te he ganado. Soy la mejor.

—Has tenido suerte, casi te pillo.

—Pero no has podido, porque yo sé más que tú y tengo mucha práctica. Gano a cualquiera que se enfrente a mí.

—¿A quién más le has ganado?

—Tengo un amigo que sabe mucho de juegos y también le gano.

—¿Es alguien de tu colegio?

—No, no lo conoces. Es secreto.

—Bah, seguro que ese amigo tuyo no sabe jugar a esconderse y tú tampoco.

—¿Que no? Ahora verás; cuenta hasta treinta.

Laura no le explicó a Diego que su amigo jugaba mucho mejor que él y que había conseguido que ella practicara y mejorara mucho, porque seguro que no lo entendería, por eso no insistía. Mientras pensaba en todo esto, Diego ya estaba contando, y ella se escondió en un armario que había visto en la entrada. Al chico le costó encontrarla, hasta que la oyó reírse dentro del armario y la descubrió. Entonces llegó su turno. Él se escondió y ella no lo podía encontrar, porque no era su casa y no conocía todos los rincones secretos. Cuando ya estaba a punto de abandonar, el chico le dio un susto y comenzaron a correr por todas las habitaciones mientras se perseguían gritando de manera escandalosa. Gritaban tanto que sus padres los riñeron por armar tanto jaleo y los obligaron a sentarse a su lado sin poder hacer nada.

Menudo rollo los adultos... Cuando se lo estaban pasando mejor, les prohibían lo que estuvieran haciendo. Se quejaban de todo: cuando jugaban con el móvil decían que hiciesen otras cosas y, cuando las hacían, los reñían por molestar. Con estos pensamientos en la cabeza, Laura se dio cuenta de que habían olvidado el juego digital y se lo habían pasado genial sin el móvil.

¿Qué prefieres, jugar con tus amigos sin el móvil, o estar sola con él?

Piénsalo un poco y me lo dices, pero divertirte con tus compañeros no es algo que siempre puedas hacer y debes aprovechar cuando los tienes delante, mientras que el teléfono siempre lo puedes tener a mano. Es mejor ampliar el círculo de amistades y de actividades que te gustan: te lo pasarás mejor.

17

4

Prémium

Aquel día llovía, y por eso no fueron al parque después del colegio como hacían normalmente. Su madre decía que era mejor que les diera el aire, aunque Laura prefería estar en casa: no le gustaba estar con los niños que frecuentaban el parque, porque eran agresivos y solo querían correr y empujarse. Ella prefería charlar y estar más tranquila, como hacía con sus mejores amigas, aunque ellas no iban al parque por la tarde. ¡Qué suerte tenían! Pero ese día llovía y estaban en casa. Laura había hecho los deberes en poco tiempo y pidió permiso a su madre para seguir jugando a su juego preferido. Los retos que planteaba eran muy divertidos. En primer lugar, había que elegir un personaje de entre un abanico muy amplio de posibilidades: chicos y chicas con distintos tipos de cabello, de vestidos y de ocupaciones.

Ella eligió a una chica de cabello rubio como ella, vestida de manera cómoda con chándal y zapatillas de deporte. Su personaje estudiaba en el colegio del distrito y tenía que conseguir puntos para adquirir otros complementos que le dieran prestigio y valor en el juego. Tras investigar los locales de la zona (el supermercado, el restaurante, la tienda de ropa, la peluquería, el colegio, el consultorio médico y el ayuntamiento), había conseguido un buen puñado de puntos. Por eso, se dirigió a la tienda para cambiar de aspecto y conseguir otros complementos. Probó con distintos personajes, a los que vistió, les cambió el color de la piel, el pelo, el estilo de la ropa, les puso sombrero e incluso collares y pendientes. Después fue al restaurante, a preparar un menú ideal, el que le gustaba pedir a ella cuando iba con su padre. Más tarde llegó al colegio y puso a estudiar a sus personajes. Después, los llevó a jugar con sus compañeros. Pero cuando intentó explorar los límites del distrito se dio cuenta de que no podía salir ni cambiar de escenario. El nivel en el que se hallaba no se lo permitía. No podía cambiar de distrito y ese ya lo tenía muy visto, ya había agotado todas las variantes. De repente recordó que su amiga Carla le había contado que se podía ampliar el juego, que existían más escenarios: peluquerías caninas, centros comerciales, gimnasios y parques con atracciones muy divertidas. Así que investigó las posibles salidas, y entonces la pantalla le mostró un mensaje que bloqueaba el juego y recomendaba instalar la versión prémium. Eso decía el texto que ella no comprendía. Como no podía continuar jugando ni actualizarlo, llamó a su madre para pedirle ayuda.

—Mamá, ¿qué es la versión prémium?

—¿La versión prémium? ¿Qué dices? ¿De qué me hablas?

—Aquí dice que tengo que instalar la versión prémium para seguir jugando, pero no puedo y se me ha bloqueado la pantalla.

—Hija, ya te he dicho que no quiero que instales nada sin mi permiso. ¿Sabes que cuesta dinero?

—Ah, ¿eso quiere decir? ¿Dinero? ¿Y no tienes?

—No es que no tenga, Laura. Es que no quiero que te enganches, así que déjalo y juega con otra cosa; ya has estado bastante con el móvil.

¡Ay! ¡Qué rabia! Si lo hubiera sabido no le habría dicho nada a su madre, y habría seguido jugando con la pantalla que tenía. Tampoco sabía que había que pagar para seguir jugando, ¡qué mala suerte! Se tenía que aguantar con ese, con los pocos escenarios en los que podía trastear, aunque estaría bien poder comprar más ampliaciones del juego. Y mientras pensaba en estas cosas, tuvo una idea. Podía pedir el prémium para su cumpleaños; quizá así sí que aceptarían pagárselo sus padres. Pero, por el momento, se tenía que conformar con el que tenía, o esperarse a jugar con el móvil de la madre de su amiga Carla, que sí que lo tenía instalado con la versión completa, porque le había contado que había visitado la peluquería de mascotas y el gimnasio. ¡Menuda suerte tener una madre como la de ella! Le dejaba siempre su teléfono y podía instalarse lo que quería.

A pesar de todo, no podía hacer otra cosa y reinició la aplicación para poder seguir jugando sin la ampliación. Pero enseguida se aburrió, ya que se repetían las mismas acciones y ya se las sabía, no había intriga. Por eso decidió cambiar de juego. Buscó otro más entretenido, que le exigía más atención y destreza, aunque no era tan divertido. Consistía en poner piezas, encajar unas con otras y construir edificios que se iban ampliando sin que se le cayesen o se los destruyeran. En este juego, el tiempo pasaba volando. Hasta que se puso muy complicado, perdió todas las vidas y la expulsaron. Entonces se le bloqueó y no pudo seguir construyendo edificios: había jugado demasiado y la versión gratuita no daba más tiempo. ¡Qué rabia! Se lo dijo a su madre con tono recriminatorio:

—¿Ves? ¡Ya no puedo jugar más porque tú no quieres comprarme la ampliación!

—Laura, no me hables así. Date cuenta de cómo estás de nerviosa. Al final no te dejaré el móvil si no te sabes controlar.

—No, no, sí que sé. Es que me he quedado a medias y quería acabarlo. Necesito ganarle a un amigo.

—¿A un amigo? ¿A quién? ¿A Alberto?

21

—No, a otro. Es igual, lo que quiero es ganar y acumular más puntos que nadie.

—No hay por qué ganar siempre, y seguro que tu competidor también tiene padres y no lo dejan jugar a todas horas.

—A él sí que lo dejan, y a Carla también. Sus padres son mejores.

—No me digas eso, que no me lo creo, porque yo hablo con la madre de Alberto y la de Carla y dicen lo mismo que yo, que jugáis demasiado con el *aparatito*. Y no puede ser: tenéis que entender que los juegos están hechos adrede para engancharos y que paséis mucho tiempo con ellos, así que tendrás que aprender a controlarte, o no jugarás más. Díselo a tus cómplices.

Y Laura calló, avergonzada. Sabía que su madre tenía razón. Se había puesto muy nerviosa, tanto que le había hablado con malos modos y casi no podía reprimir las ganas de llorar. Después recordó a su amigo secreto: ¿se pondría él tan nervioso? Por lo que decía, jugaba mucho y por eso sabía hacerlo mejor que nadie. Pero no se lo preguntaría. Seguro que si le contaba que su madre no la dejaba jugar porque se ponía nerviosa pensaría que era un bebé y se burlaría de ella. No le había dicho la edad que tenía. Creía que si lo sabía no le hablaría y pensó que él tampoco se la había dicho. Suponía que tenía la suya, que era un niño como ella. Pero daba igual. Lo que sí sabía era que no le contaría que su madre no la dejaba seguir

22

con las pantallas superiores. Al menos él le contaría los trucos con los que había conseguido la puntuación más alta de la competición y los retos que le quedaban por delante. Después de pensar en todo eso, reconoció que se había obsesionado con el juego y que se había puesto muy nerviosa, demasiado, y que era mejor descansar un poco hasta que se le pasasen los nervios.

 ¿Qué sientes mientras juegas que te cautiva de esa manera?

Has de saber que los juegos están hechos para eso, para engancharte y que pases mucho tiempo atrapada en ellos, así que tendrás que aprender a controlarte. No juegues mucho tiempo sin parar. Haz pausas y busca otras actividades complementarias. Verás como también son divertidas.

24

5

En línea

Algunos fines de semana, las familias de los compañeros de colegio organizaban una cena en casa de alguna de ellas, una semana en una y la siguiente en otra. Ese día, tocaba en casa de Carla, la mejor amiga de Laura: igual de tímida y con características físicas parecidas, tanto que algunos les preguntaban si eran gemelas. Carla era su mejor amiga, y casi la única, porque era la persona con la que más hablaba, aparte de su amigo secreto, a quien le podía contar más cosas aunque no estuviese en persona. Además, estar en persona no era mejor que estar en el móvil. En días como aquel las dos amigas estaban la una al lado de la otra, pero casi sin rozarse ni hablarse y jugando conectadas en línea a su pasatiempo favorito. Hacerlo de esa manera era mejor, más competitivo y divertido: se veían las puntuaciones en directo y se podían leer los comentarios de otros jugadores con los que se podía hablar.

Como las cosas buenas no suelen durar, cuando más emocionadas estaban porque podían llegar a ganar y pasar de escenario, entró la madre de su amiga y les dijo:

—¿Qué hacéis? ¿Por qué no salís y os divertís con alguno de los juguetes de Carla?

—Sí, ahora vamos. Cuando acabemos la partida —contestó Carla sin hacer demasiado caso a su madre.

De hecho, siguieron jugando e ignorando las recomendaciones que les habían hecho hasta que volvió a entrar y les quitó el móvil sin darles la oportunidad de guardar la partida. Eso las enfadó mucho, ya que habían conseguido reunir a tres jugadores más. Uno de ellos, un amigo de clase que jugaba muy bien, y el otro, su amigo secreto, ese con el que Laura hablaba de manera bastante habitual. Él era el mejor, las había ayudado a superar retos, aunque también era un poco pesado, según Carla, porque les preguntaba qué hacían, dónde vivían y con quién estaban. A Carla le pareció tan molesto que se lo comentó a su amiga:

—Qué plasta tu amigo, ¿no? ¿De qué lo conoces?

—De los juegos. Es muy divertido y me ha enseñado algunos trucos.

—¿Y no lo conoces en persona? Yo creía que era alguien del cole.

—En el cole nadie sabe tanto como él.

—Ya, pero si no sabes quién es... Mi madre me ha dicho que no hable con nadie que conozca en internet. A veces no son quienes dicen ser y nos engañan.

—Él no es así. Es como nosotras, pero juega mejor.

—¿Y cómo lo sabes? Puede ser cualquiera.

—No digas tonterías. Es un niño como nosotras y ya está.

—Eso no lo sabes. Puede ser mayor o alguien que quiera hacerte daño.

—¿Qué daño? Solo le hablo por el móvil y le puedo contar todo lo que quiera. Es mi amigo secreto, aunque sea invisible para todos, excepto para mí.

—Es muy raro eso que dices. ¿Y no has visto la foto del perfil?

—No, no tiene, y yo tampoco. Su padre no le deja, como a nosotras.

—¿Se lo has contado a tu madre o a tu padre?

—¡Qué dices! ¿Estás loca? Me confiscarían el móvil y no lo vería más.

—Ya. No sé, yo no me fiaría.

—No digas tonterías, que no pasa nada.

Y dejaron la conversación y se pusieron a jugar con los juguetes de Carla. Pero Laura se quedó pensando en las palabras de su amiga con cierta preocupación, ya que no le había contado que su amigo secreto le había pedido una foto. En su perfil tenía la de su padre, porque el móvil era de él y la condición era que no tuviese uno de ella y punto. De esa manera él podía controlar lo que hacía, aunque no tenía ni idea de que el juego tenía un chat y por eso no sabía nada de su amigo digital. El misterioso personaje que se había convertido en confidente le había pedido la foto porque decía que no la podía conocer con la del perfil, y también le había contado que iba a otro colegio y que quería saber más de ella. Así podrían hablar más veces, otros días, y él le podía enseñar, pues tenía mucha experiencia. No, Laura no había contado nada de eso. Sabía que su amiga no lo aprobaría, y prefería guardarlo en secreto, quizá porque comenzaba a sospechar del amigo oculto y, por ahora, no le enviaría las fotos que le pedía. Le daba vergüenza y no sabía si era tan buena idea como había imaginado al principio.

¿Has aceptado competir en algún juego en línea con alguien que no conoces en persona?

Debes tener cuidado con quién y de qué hablas, porque los jugadores no siempre son como dicen. Es fácil esconderse o mentir tras una identidad digital: no te fíes de las apariencias.

29

6

En el colegio

Desde el curso anterior, en el colegio trabajaban con tabletas. Hacer los deberes con ellas era más divertido. Los ejercicios eran fáciles y entretenidos: había que unir palabras o colocarlas en los espacios en blanco o acabar frases. No había que escribir tanto y por eso les gustaban a la mayoría. Con ellas, aprender era más fácil, pero, cuando la maestra les decía que las cerrasen, porque iban a escribir un poco, que también tenían que practicar con el lápiz, entonces se oían protestas de disconformidad por toda el aula. Sin el dispositivo, las clases se hacían pesadas, ya que no les gustaba escribir. En cambio, cuando las cerraban para debatir en asamblea, entonces sí, discutir con la gente de clase era emocionante. Cuando dejaban las tabletas para practicar en grupo, también les gustaba. Incluso, a veces, preferían los juegos de la maestra, porque estando todo el rato con las tabletas también se aburrían.

—¿Puedo leer mi libro en la tableta?

—¿Has terminado los ejercicios?

—Sííí, claro. Son muy fáciles y ya estoy aburrida.

—Laura, ten paciencia y haz las cosas poco a poco. Te saldrán mejor.

—Pero si ya las he hecho, de verdad, y dos veces. Las he repasado y todo.

—De acuerdo, lee un poco. Ahora te las revisaré, a ver si las has hecho tan bien como dices, que tú, con tal de leer, eres capaz de hacer las cosas de cualquier manera.

Esta era la petición más frecuente de Laura a la maestra, y ella le contestaba con una sonrisa, porque sabía que a la maestra le gustaba que leyera tanto. Y era cierto, le entusiasmaba leer, y hacerlo en la tableta era más fácil: la tenía a mano y siempre sabía por dónde se había quedado. El libro que estaba leyendo en ese momento era muy divertido; contaba las aventuras de una niña a la que no le gustaban las princesas y se hacía amiga de los dragones, las lagartijas y los bichos. Se tiraba pedos y siempre iba con el vestido sucio, de tantas aventuras que imaginaba usando como personajes los bichos que coleccionaba. Los libros en papel también le gustaban, y a menudo sacaba alguno de la biblioteca de aula, aunque leerlos con la tableta le producía un placer especial, no sabía muy bien por qué.

Pero la tranquilidad no duró mucho tiempo, porque enseguida la maestra les dijo que preparasen otra vez la tableta, ya que iban a hacer más deberes, ahora de mates. De mala gana dejaron las cosas que estaban haciendo y se pusieron manos a la obra.

—Venga, chicos y chicas, que tenemos que aprender a multiplicar. Haced las actividades. Tenéis que colocar los números donde corresponda.

—Rosa, no las encuentro ¿cuáles son?

—Las que estábamos haciendo ayer, en el mismo sitio.

—Ah, sí, ¿pero dónde estábamos?

—Mirad la pantalla, es esta página.

—Maestra, yo no sé hacerlas, no las entendí.

—Sí que sabes. Prueba y verás como sabes.

—Me he equivocado.

—Ahora voy y te lo explico.

—A mí no me va, se ha roto.

—Espera, ahora miro qué te ha pasado.

—Yo ya he acabado, Rosa. ¿Puedo hacer más?

—Espera, que los demás todavía no los han acabado.

—¿Y qué hago?

—Sigue leyendo si quieres.

Al final, siempre lo conseguía. Se daba cuenta de que la mayoría de sus compañeros eran más lentos que ella y la maestra no daba abasto para ayudarlos a todos cuando se quedaban bloqueados en algún ejercicio. Era lo que tenían las tabletas, que cada uno iba a su ritmo y la clase a veces era un guirigay con tantas preguntas y peticiones de ayuda. Pero lo había conseguido, podía seguir leyendo, que era lo que más le gustaba. Y, mientras la clase se había convertido en un gallinero, ella seguía a su ritmo y leía el libro de la niña que se hacía amiga de los insectos más asquerosos y hacía experimentos con ellos mientras se tiraba pedos y se ensuciaba el vestido que llevaba puesto.

¿Por qué prefieres dar clase con las tabletas?

Aprender es divertido, pero también requiere esfuerzo y no siempre es un juego, así que hazles caso a tus maestros y aprenderás más. Es importante diversificar las actividades: unas las puedes hacer con la tableta, y otras tendrás que hacerlas en el cuaderno o hablando o al aire libre.

7

Vídeos

Las tardes de domingo se hacían largas, y Laura se había cansado de la película que le habían puesto sus padres. No le gustaba, porque el niño protagonista parecía saberlo todo y acababa burlándose de unos señores mayores que eran bobos y caían en sus trampas sin darse cuenta. Además, ya la había visto y no le apetecía volver a ver las mismas tonterías que no le hacían gracia. Así que le pidió a su madre:

—Mamááá, ponme los vídeos para niños...

—De acuerdo, pero media horita nada más. Te lo programo.

Su madre le dio una tableta que tenía en casa y programó el control parental. Laura enseguida buscó un vídeo de manualidades. Le gustaba ver cómo las hacían. Era divertido ver cómo elaboraban el caramelo

pringoso que tanto le gustaba, preparaban dulces o cocían pasteles de chocolate. Laura siempre seguía las instrucciones con atención, con los ojos como platos y la boca llena de saliva. Mirarlos le proporcionaba tranquilidad y seguridad, sentimientos contrarios a los que tenía cuando jugaba con el móvil. La sensación de calma, al ver las manos del instructor moviéndose con firmeza, era muy agradable. De repente, pensó que eso lo podía hacer en casa y se lo pidió a su madre:

—Mamá, ¿podemos hacer golosinas?

—Otro día, que hoy tengo trabajo.

—¡Siempre tienes trabajo!

—No, siempre no, pero hoy sí. Tengo que acabar unas cosas para mañana. Mira los vídeos un poco más, todavía te queda un poco de tiempo.

—Bueeeno, pero no te olvides después.

Ver los vídeos un poco más, pensó Laura, ahora sí que la dejaban seguir con la tableta y no se la limitaban. Y todo para que no los molestara. Los adultos siempre tenían trabajo cuando se trataba de hacer cosas divertidas y después decían que no jugaban a nada, que antes ellos hacían más cosas con las manos y que ahora los niños siempre estaban con los móviles. Pero cuando les convenía, se los daban. Así que siguió viendo más vídeos de manualidades muy divertidos. En unos enseñaban a hacer figuras de papel fácilmente y en otros conseguían imprimir recortables para pintar. Entre los vídeos encontró uno en el que enseñaban trucos de sus juegos favoritos,

36

y hasta vio uno que decía las mismas cosas que su amigo secreto. Qué raro, pensó, era como si hablara su amigo, como si quizá él también hubiera visto el mismo vídeo y se lo hubiera contado. Entre unas cosas y otras, el tiempo pasó y la sesión se bloqueó mientras veía de manera hipnótica cómo jugaban a poner bloques de construcción.

—Mamáááá, ponme más tiempo, que me he quedado a medias.

—Ya tienes bastante, haz otra cosa.

—¡Pero si eres tú la que nunca quiere hacer nada conmigo!

—Juega a otra cosa y en cuanto acabe el trabajo nos ponemos a hacer dulces, ¿de acuerdo?

—Bueno, de acuerdo. Pero no tardes, me aburro.

¡Otra cosa! Ahora le decía que hiciera otra cosa, mientras que ella no dejaba de hacer las suyas. Los adultos, siempre igual. Aunque ella quería hacer dulces con su madre, ni los hacía ni podía ver más vídeos... ¡Qué aburrimiento!

¿Por qué te gusta ver vídeos?

Ver vídeos es divertido, pero siempre se pueden hacer otras cosas, aunque sea a solas. No te obsesiones con ellos, busca otras actividades.

37

8

Príncipes y princesas

A veces, cuando la abuela de Laura no la podía cuidar y su madre y su padre trabajaban, se quedaba en casa de Alberto y, para que no molestaran, su madre les dejaba los móviles: el suyo y uno viejo que tenían para jugar con el wifi. Alberto era el único chico con el que tenía relación, porque no le gustaba jugar al fútbol y se quedaba charlando con ellas en el patio. Era bastante más corpulento, pero muy tranquilo y amable, aunque con los juegos digitales se convertía en una fiera: solo le gustaban los de lucha, carreras y peleas. Enseguida se pusieron a ver sus vídeos preferidos, cada uno desde su dispositivo y sin hablarse: ella, de fantasía, con castillos, princesas y príncipes; él, de coches de carreras, luchas y aventuras. Mientras veía su vídeo, Laura se dio cuenta de que todos los personajes que salían eran niñas y, cuando miró de reojo el que estaba viendo Alberto, comprobó que la mayoría eran chicos. No había pensado antes que a las chicas les gustasen las historias fantásticas en las que los chicos siempre eran príncipes y luchaban y viajaban e iban y venían, mientras que las princesas solían ser chicas y esperaban al príncipe en el castillo; en cambio, a los chicos les gustaban las aventuras, los coches y las guerras en las que ellos eran los protagonistas.

—Alberto, ¿no te gustan los vídeos de princesas?

—No, me gustan los de coches y batallas.

—¿Por qué?

—No lo sé, porque me gustan.

—¿Pero no te gustan los de fantasía con princesas?

—No lo sé. No, no los he visto. Mis favoritos son los de hacer carreras con coches y motos, matar enemigos y conquistar territorios.

Tras esta conversación, siguió viendo cada uno el que le gustaba, pero Laura, confusa y picada por la curiosidad, siguió mirando de reojo el vídeo de Alberto. En el que estaba viendo aumentaban la velocidad y el peligro, los coches caían por precipicios, chocaban unos con otros, se adelantaban y se hacían trampas a base de empujones y choques laterales y frontales que asustaban de lo violentos que eran. No acababa de entender cómo le gustaba eso, así que, aburrida de tanta acción, volvió a sus vídeos de fantasía. Por la noche recordó la conversación con su amigo y le preguntó a su padre:

—Papá, ¿un chico puede ser una princesa?

39

—Puede, pero, si se siente chico, será príncipe.

—Ser príncipe es más divertido.

—También se puede ser una princesa divertida.

—¿Cómo, si siempre tienen que esperar a que las rescaten?

—Laura, cariño, puedes ser lo que quieras. Si te apetece ser una princesa aventurera y viajera, lo puedes ser; y si quieres ser príncipe, también.

—Pero en los cuentos siempre son los chicos los que hacen eso.

—Los cuentos son imaginarios y tú te puedes inventar tu propio cuento.

—¿Y por qué a Alberto no le gustan las historias de princesas? Él solo ve vídeos de carreras, aventuras y peleas.

—No sé, porque le gustarán. Tú también puedes ver vídeos así si quieres; cada uno puede elegir lo que le gusta.

—Es extraño, la mayoría de los personajes que aparecen son chicos. Es como si las chicas no se tuvieran en cuenta en esas historias.

—Ay, Laura. A eso se le llama machismo, y significa que el mundo de la acción, la aventura y las iniciativas es masculino, mientras que a las mujeres os reservan un papel secundario, aunque tú puedes romper esta situación, como te he dicho antes. Puedes ser y hacer lo que quieras; ahora ya no vivimos en una sociedad tan machista como antes.

40

—Ya, pero el que juega a juegos de aventuras es Alberto.

Su padre se quedó pensativo al escuchar la frase final de Laura, respiró desconcertado, no supo qué contestar y la conversación acabó así. Ella, en cambio, se sintió interesada y animada, y, aunque no le llamaban la atención los vídeos de Alberto y no necesitaba verlos porque la aburrían, pensó que su padre tenía razón, que se podía ser princesa aventurera y luchadora e ir y venir y salvar al príncipe, que no era necesario ser chico para hacer todo eso. Y también que un chico podía esperar a que lo rescataran, si le gustaba más. Y a ella le gustaba la acción. No la acción violenta, pero sí las aventuras en las que las chicas exploraban los barrios y escenarios, como en su juego favorito. El machismo parecía algo perjudicial si impedía a las chicas poder jugar a lo que más les gustara.

¿Por qué los chicos y las chicas de tus vídeos favoritos son tan diferentes?

Los chicos y las chicas de esos vídeos suelen ser muy típicos, influidos por el machismo de la sociedad, pero has de saber que tú puedes ser diferente, como quieras ser, porque el machismo ya no gobierna el mundo. No copies todo lo que ves y atrévete a ser como quieras.

9

Una conversación peligrosa

Después de la charla con su padre sobre los príncipes y las princesas y la manera de ser chico o chica y las cosas que les gustaban, Laura se quedó pensativa. No tenía claro por qué a los chicos les gustaban los juegos y los vídeos de carreras y deportes, mientras que muchas chicas preferían los de personajes y desafíos y vídeos de manualidades y cocina. Su padre le había dicho que era cosa del *machismo*, palabra que no había oído nunca antes, pero cuyo significado ahora sabía. También era cierto que había chicos que jugaban con ella a su juego favorito, como su amigo invisible. Fue recordarlo y decidir preguntarle por qué le gustaba y qué clase de vídeos veía. Él sabía mucho de esas cosas y seguro que se lo explicaría. Abrió el chat, que era la forma más rápida y secreta de encontrarlo, y le preguntó directamente:

—¿Qué clase de vídeos ves?

De momento no contestaba. Seguro que estaba haciendo deberes, pensó, y se puso a jugar un poco mientras esperaba su respuesta. No tardó mucho en ver el icono del mensaje y enseguida lo abrió.

—Me gustan los vídeos fuertes, de trucos para los juegos, de carreras a vida o muerte y de peleas y lucha.

—¿Y no te gustan los de princesas?

—¿A mí? ¡Qué dices! ¡No!

—A mí tampoco me gustan las princesas de los vídeos. Son unas estiradas, siempre esperan a un príncipe que las salve.

—No digas eso. Tú eres una niña y tienes que ser así. Las princesas son delicadas y amables y tienen que esperar a un príncipe.

—Menuda bobada. Mi padre dice que puedo ser como quiera, que las princesas pueden salvar a los príncipes y vivir aventuras.

—Tu padre no sabe nada, no le hagas caso.

—¿Cómo que no le haga caso? ¡Es mi padre! Voy a decírselo.

—No, no, no le digas nada, no le gustará. ¿No le habrás dicho que hablas conmigo?

—Sí, se lo dije el otro día, que tenía un amigo invisible que sabía mucho de juegos. ¿Por qué no se lo tendría que haber dicho?

—No, da igual. ¿Y qué te dijo?

—Nada, no me hizo caso.

—Mejor, pero no se lo recuerdes. No necesita saber que nosotros hablamos y que te doy consejos para tu juego.

—No veo por qué no, no hacemos ningún daño.

—No, mejor no lo cuentes. Otra cosa: ¿has pensado eso de la foto que te pedí? Es que no sé cómo eres y me gustaría poder verte.

—Hummm, no sé. No tengo foto aquí, en el móvil, y a mi amiga Carla no le parece bien que te envíe fotos, dice que puedes ser una persona que quiere hacerme daño.

—¿Qué dices? Ya sabes que soy como tú. Voy al mismo curso, aunque a otro colegio, y la foto te la puedes hacer ahora mismo. Venga, va, es para conocerte.

—Bueeeno, ahora voy, pero tú tampoco tienes foto, tampoco sé cómo eres.

—Espera, te la envío enseguida.

Y al momento le entró un archivo con una foto de un niño que debía de tener su edad, de cabello oscuro, sonrisa simpática y unas orejas más grandes de lo normal. Laura sonrió para sus adentros y se sintió identificada y cercana a ese niño con el que hablaba con una confianza que no había hallado en otras amistades. Entonces abrió la cámara y se hizo una foto, sonriente y con los dedos haciendo el signo de la victoria, y la envió.

—Ahí la tienes. Ahora ya sabemos cómo somos.

—Sííí. Gracias, ya volveremos a hablar más adelante. Y recuerda: no le digas nada a nadie; a tu amiga tampoco.

Y cerró el chat y salió del juego. Laura se quedó pensado que le parecía curioso que su amigo fuera tan miedoso. Quizá fuera porque jugaba a escondidas de sus padres, como ella hacía a veces. También recordó su opinión sobre las niñas princesas, pero, claro, él era chico y podía hacer lo que quisiera, sin tener que ponerse límites. Volvió a abrir el chat y buscó su identidad; volvió a mirar la foto y sonrió. Le resultaba muy entrañable su amigo secreto. Después miró su nombre y se dio cuenta que no era un nombre de niño: se había puesto @invisible como nombre de usuario. Eso hizo que volviera a sospechar, pero no le dio más importancia; la foto la había tranquilizado y cerró el juego.

¿Alguna vez has enviado fotos por el móvil? ¿Has contactado con personas desconocidas?

Si no estás segura de con quién te estás comunicando, no deberías pasar información ni hablar ni mucho menos enviar fotos a nadie por el móvil. No te fíes: no sabes quién las puede utilizar ni dónde pueden acabar. En el entorno digital es difícil controlar nuestras publicaciones.

10

Prohibido a menores

La semana pasaba y las lluvias continuaban, así que Laura estaba en casa sola con su madre, que le dejó el móvil de mala gana y después de insistirle mucho. Ella tenía trabajo y no iba a poder atenderla durante un rato. Comenzó a jugar, pero tenía todos los retos superados y hasta que no pasaran veinticuatro horas no la dejaba pasar de pantalla. Por eso se decidió a volver a probar con los vídeos que veía Alberto y se puso a mirarlos, pero, al poco tiempo, el segundo vídeo que había puesto se le bloqueó con un mensaje que decía que no lo podía ver porque no estaba autorizada. Laura se quedó pensando qué sería eso que no podía ver. ¿A qué se debería? Así que decidió preguntarle a su madre:

—Mamá, no me deja ver un vídeo de carreras que he encontrado.

—Seguro que es porque tiene accidentes y acciones violentas, son vídeos de mayores que no debéis ver los menores.

—Pero yo soy mayor, ¿por qué no lo puedo ver?

—Cuando digo «mayores», quiero decir «mayores de edad», y a ti todavía te falta. Verás, es porque salen imágenes que no debéis ver, ya que os pueden afectar demasiado y aún sois demasiado pequeños para comprenderlas.

—Si me las explicas, sí que las puedo comprender, ¿no crees?

—No, no es suficiente. Son demasiado... violentas, y vosotros no debéis verlas, por eso tienes activado un sistema de control, para que no te encuentres con cosas que no te conviene ver.

Laura se quedó decepcionada. No podía ver esos vídeos y no le explicaban en qué consistían. Los adultos no explicaban las cosas, pensó. Le decían que no eran para ella y la dejaban con las ganas y sin explicarle nada. Pero la curiosidad era más fuerte y siguió buscando. El siguiente vídeo también se bloqueó enseguida con el aviso de que no estaba permitido para menores, aunque en ese caso porque tenía contenido sexual, violento o inapropiado. Ahora parecía más peligroso todavía. ¡Menudo misterio! Y le volvió a preguntar a su madre.

—Mamá, en este me dice que tiene contenido sexual y que puede herir mi sensibilidad. ¿Qué quiere decir?

—Por eso no te deja verlo, porque te puede provocar un trauma.

—¿Y qué es *sexual*?

—Hummm. A ver, *sexual* es cuando dos personas se quieren, se besan, se acarician y están juntas.

—Eso no tiene nada de malo. Yo también quiero a Carla y Alberto, y os quiero a vosotros.

—Sí, pero estos vídeos añaden violencia y maltratos, no siempre son sexuales en el sentido de quererse, y por eso no os los dejan ver, para que no os afecten negativamente. Pensad que sois menores y os estáis formando; cualquier cosa os puede afectar.

—Ah, bueno, ya lo entiendo. ¿Entonces los mayores sí que los podéis ver?

—Algunos mayores los ven, sí, pero tampoco está bien. Nosotros preferimos todo lo que nos aporte buen trato, afecto, atención y ayuda entre nosotros.

—¿Y por qué no los quitan y así no los ve nadie?

—Es complicado, Laura. Lo más importante es que vosotros no los veáis. Por tanto, ve con cuidado. No me gusta que busques cosas de esas en el móvil.

—No las he buscado, me han salido.

—De todas formas, no me gusta. Ve con cuidado o te lo quitaré.

La explicación la dejó todavía más preocupada, porque parecía que en el móvil había cosas que eran peligrosas y no sabía cuáles eran, solo que tenían un contenido sexual o violento. Ni Alberto ni Carla ni su

50

amigo secreto lo sabían, y a ellos les gustaba esa clase de publicaciones, las había visto en el de Alberto. Él no tenía sistema de control parental, podía ser que las estuviese viendo sin saberlo. Se lo tenía que contar, ya que no le gustaría que se sintiesen mal por mirarlas. Nunca había pensado que las pudieran encontrar sin buscarlas y les pudieran perjudicar. Ella pensaba que se lo pasaban bien con los juegos, viendo vídeos y hablando con algún amigo o amiga, pero no se había planteado que pudieran hacerles un daño que no conocían.

¿Qué tienen los vídeos de mayores que no te los dejan ver?

Hay vídeos e imágenes que son muy violentas o en los que se hacen cosas desagradables; por eso no te dejan verlos. Pero siempre puedes pedir a tus padres que te expliquen lo que pasa y cómo es que circulan esas cosas tan desagradables por internet. Si te avisan de que son imágenes perjudiciales o que pueden herir tu sensibilidad, es mejor que no las veas.

51

11

Música

Una tarde que las dos amigas estaban juntas en casa de Laura, porque la madre de Carla tenía que trabajar, la abuela se quedó al cuidado de ellas. Como siempre se dormía después de dejarle el móvil, Laura se lo pidió.

—Abuela, déjanos tu móvil, que queremos ver una cosa.

—¿No sabéis hacer otra cosa que estar con los *aparatitos* esos? No sé cómo os gustan tanto. ¿No sería mejor que jugaseis?

—No pasa nada, abuela; estamos jugando con él.

—Toma. Pero, si me llama tu padre, contéstale.

Y entre risas, porque habían conseguido el móvil de la abuela, entraron en la habitación y se pusieron a ver vídeos musicales y de gente haciendo bromas y

cosas graciosas en su red social preferida. Se rieron mucho, pues eran muy simpáticas; algunas ridículas, de gente gastando bromas, haciendo imitaciones, preparando comida, poniendo voces extrañas y cantando canciones. Entre tantas historias que pasaban en pocos segundos, se fijaron en una publicación de un chico que ya conocían de haberlo visto otras veces y que iba acompañada de un baile facilito. No escuchaban bien lo que cantaba, era algo de que su chica lo había dejado y que él la estaba persiguiendo para que lo perdonara. Pero eso les daba igual; ellas todavía no tenían novio y no pensaban en esas cosas. Las imitaciones de la gente eran muy variadas. En una, un chico empujaba a su novia y la apartaba, aunque lo hacía de broma, porque enseguida los dos se reían y seguían cantando. En otros vídeos se cambiaban de ropa durante la grabación, como si fuese magia, y en algunos añadían filtros que distorsionaban la cara o añadían luces y estrellas. Las dos estaban tan hipnotizadas con el espectáculo que, como pasaba tan deprisa, no les daba tiempo ni a comentarlo. Al cabo de un rato en silencio, Carla preguntó:

—¿Cómo harán todo eso? ¡Se cambian de ropa en un instante!

—Son trucos: paran el vídeo, se cambian y después lo vuelven a poner en marcha.

—Ah, ¿y cómo lo sabes?

—Me lo ha contado mi amigo invisible.

—¿Tu amigo invisible? ¿Todavía sigues con eso? Te dije que no tendrías que hablar con desconocidos. ¿Se lo has dicho a alguien?

—¿Eh? No, pero no pasa nada. Ya sé quién es. Me envió una foto y es un niño como nosotras, con unas orejas un poco grandes, como nosotras, ja, ja.

—Ah, bueno. No deberías burlarte de sus orejas, a nosotras no nos gustaría que nos lo hiciesen.

Y siguieron viendo vídeos de canciones y bailes en los que copiaban a sus ídolos. En una imitaban una pelea entre una pareja, y lo hacían de forma teatral, aunque siempre era el chico el que abofeteaba a la chica. Las dos amigas se miraron y pusieron cara de sorpresa, y Laura le contó la conversación con su madre:

—Mi madre me dijo el otro día que en internet hay contenidos que son peligrosos y que no tendríamos que verlos. Quizá sean estos.

—¿Tú crees? La verdad es que es un poco violento lo que hace el chico, pero si es de broma...

—Un aviso que me apareció decía que eran contenidos violentos o sexuales.

—Y estos son violentos, sí. Quizá no deberíamos verlos...

Y cambiaron de publicación y buscaron los de bromas y actuaciones cómicas de un canal infantil que seguían las dos.

¿Te has fijado en lo que dicen las canciones que interpretas?

Puede que algunas de las canciones que escuchas también sean violentas o poco respetuosas, sobre todo con las chicas. Si no las entiendes, también puedes pedir a tus padres que te las expliquen.

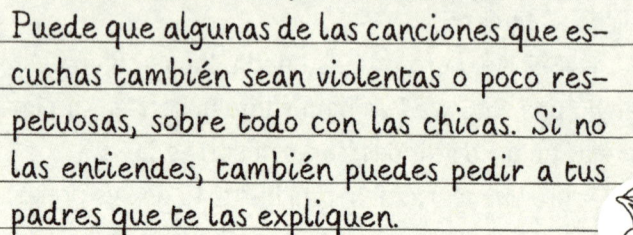

56

12

Me gusta

Mientras veían las situaciones cómicas de una pareja de payasos aficionados que intercambiaban bromas pesadas, como poner cubos de agua encima de la puerta o despertarse con una bocina, entró un mensaje de Invisible, y Laura lo abrió inmediatamente sin pensarlo:

—Hola, Laura, ¿qué haces?

—Viendo vídeos con una amiga.

—Ah, muy bien. ¿Y no hacéis ninguno?

—No lo habíamos pensado, pero, sí, quizá hagamos uno.

—Avísame, que os quiero ver.

Cuando cortó la comunicación, Carla se quedó mirándola asustada y le preguntó:

—¿Otra vez él?

—Sí, mi amigo secreto.

—¿Y por qué sigues hablando con él? ¿Estás loca?

—¿Loca por qué? Ya te he dicho que es un niño como nosotras, pero sabe mucho de juegos y vídeos y me aconseja.

—No me fío. Aunque te haya enviado una foto, puede ser falsa. ¿La has comprobado? ¡En realidad no sabes quién es!

—No digas bobadas. No, no la he comprobado. Es alguien como nosotras y ya está.

—¿Por qué no hacemos una cosa? Busca la foto y ponla en el buscador, a ver qué aparece.

—¿Cómo? Ah, vale, hagámoslo y ya verás.

Laura buscó la foto y la puso en el buscador. En unos segundos, apareció la cara de su amigo invisible, la de un niño argentino que había desaparecido hacía unos años y en la que se pedía ayuda para encontrarlo. Laura se quedó boquiabierta y miró a su amiga, que puso cara de «ya te lo decía yo».

—¿Lo ves? Te ha mentido. Ya te he dicho que no te fíases.

—Eso no quiere decir nada. Mucha gente se pone fotos de personajes solo porque no quieren mostrar quiénes son.

—Sí, pero él te había dicho que era este, no es lo mismo.

—Bueno, déjalo. Ya lo sé, no te preocupes más.

Su amiga calló y siguieron viendo vídeos hasta que se cansaron. Entonces Laura propuso hacer uno.

Repasó algunos de sus favoritos y, por fin, decidieron interpretar uno parecido a otro que les había gustado, en el que el cantante, un chico muy guapo, lloraba por su amor perdido. Hicieron unas cuantas pruebas y las descartaron enseguida, ya que no se sabían la letra, hasta que se la aprendieron y se pusieron a ensayar el baile. Eso todavía era más divertido, ¡porque Carla tenía menos ritmo que ella! Se rieron mucho, estaban muy graciosas bailando y desafinando al cantar. Al final, colgaron el vídeo y repasaron la publicación. Estaban ridículas, pero eran amigas, y cosas así las unían todavía más, pues les gustaban las mismas tonterías. Enseguida, sin preguntar nada, Laura le envió el vídeo a su amigo secreto. Cuando Carla lo vio, se enfadó mucho y le dijo:

—¿Pero qué haces? ¿Por qué se lo has enviado?

—Porque me lo ha pedido y es gracioso. Además lo pueden ver los mejores amigos y él está en el grupo. Solo quiero que no se lo pierda.

—Esto es cosa nuestra y no sé por qué se lo has enviado. No me gusta, Laura, no me fío de este Invisible. Ya has visto que te ha engañado con la foto, puede engañarte con otras mentiras.

—No seas sosa, no pasa nada.

Pero a Carla no le gustaba el Invisible misterioso, no creía que fuese un niño como ellas, y pensaba que se lo debía contar a algún adulto para ver qué le parecía. Aunque no se decidía por si su amiga se enfadaba.

59

No sabía qué hacer. En ese momento, la abuela entró en la habitación y les dijo:

—¿Qué hacéis aquí encerradas? Venga, salid fuera, que os quiero ver.

—Nooo, abuela, que estamos en un momento importante.

—Vamos, fuera, nada de estar aquí escondidas.

La abuela les había aguado la fiesta. Pero el vídeo estaba subido y ahora tocaba esperar los me gusta. Los podían ver junto a ella, mientras veía la tele. ¡Qué emoción! Ya tenían dos: uno era de un conocido, su amigo secreto; el otro, no.

¿Qué sensación te producen los me gusta (alegría, nerviosismo, miedo) para que te gusten tanto?

Los me gusta son emocionantes, pero no te dejes llevar por ellos, no son tan relevantes. Piensa que eres importante por ti misma y no necesitas que unas personas a las que ni siquiera conoces te digan cómo eres.

13

Seguidores

La abuela se durmió enseguida y ellas, emocionadas por el éxito, siguieron observando cómo aumentaban los me gusta. Entre ellos, vieron que les había dado uno una amiga del cole, Tamara, que también había subido un vídeo desde el móvil de su padre. Vaya morro tenía su amiga, que siempre vestía de marca, tenía acceso libre a su cuenta y no le ponían pegas. Con razón tenía un montón de seguidores. Estaba muy graciosa en un baile que hacía con destreza. Se le notaba la práctica y, además, tenía más me gusta, sobre todo porque tenía más seguidores. Las dos amigas no pudieron evitar preguntarse por su éxito:

—Menuda es Tamara, no sé cómo lo hace. Y tiene muchos seguidores que le dan muchos me gusta.

—Porque tiene un móvil para ella sola y puede subir publicaciones sin límite.

—Qué suerte tener una familia como la suya.

—No sé qué decirte. Quizá preferiría que le hiciesen más caso: un día me contó que se pasa la tarde sola en casa.

—Ya, pero poder tenerlo para ti sola es muy bueno, y tener tantos seguidores, todavía mejor.

—Eso sí, ¡es que lo hace muy bien!

—¡Lo hace muy bien porque ensaya mucho!

—¡Y tiene muchos me gusta porque tiene muchos seguidores!

Y rieron las dos porque habían repetido lo mismo que al principio, cuando habían comenzado a curiosear en la cuenta de su amiga. ¡Y siguieron mirando las publicaciones mientras pensaban que querrían ser como ella! De repente, Laura tuvo una idea:

—¿Por qué no miramos los seguidores que tiene y los seguimos?

—Buena idea. Así nos aumentarán a nosotras también.

Y se pusieron a revisar sus seguidores y a seguirlos para que ellos hicieran lo mismo. No conocían a nadie. La mayoría eran chicos y chicas jóvenes. Algunos ponían sus fotos en el perfil; otros tenían ilustraciones graciosas o personajes conocidos, como Bob Esponja o Bart Simpson. Algunos les devolvieron el seguimiento enseguida, y los seguidores aumentaron en muy poco tiempo. Ya eran famosas. Se abrazaron muy contentas: habían conseguido lo que querían.

¿Aceptas todas las solicitudes de amistad?

Ten mucho cuidado: en las redes no todas las personas son lo que parecen, y a veces es mejor que te den me gusta únicamente las personas que conoces y no cualquiera.

14

'Influencers'

Las mañanas en el colegio se le pasaban lentas como el ritmo de un caracol; en cambio, las tardes las pasaba mejor, porque alguna, como aquella, tenía suerte y su madre le dejaba el móvil cuando tenía que hacer alguna tarea en el ordenador. Laura revisó la aplicación de fotos que su madre se había abierto para ella misma con su propio nombre, pero que le había dejado utilizar. En esa aplicación seguía las cuentas de las *influencers* más famosas que le gustaban tanto; se hacían fotos muy bonitas, iban vestidas con elegancia y eran muy guapas. Quién fuera como ellas y se hiciera las mismas fotos, pensó. ¡Y, además, tenían miles de seguidores! Los *influencers* también le gustaban; solían tener muchos músculos y eran muy guapos. Había otros que no mostraban mucho su cuerpo, sino que ponían fotos graciosas y originales.

Le gustaba la idea de ser como ellas, porque eran muy alegres y atractivas y siempre estaban contentas. Ellos también eran guapos o, si no, simpáticos y graciosos. Se notaba que se lo pasaban muy bien. De mayor quería ser como las *influencers*. Mientras pensaba estas cosas, su madre le preguntó:

—¿Qué miras, Laura?

—Estas chicas, ¡qué guapas y simpáticas son! —dijo mientras le mostraba las fotos a su madre.

—¿Sabes que la mayoría de las fotos que ponen están preparadas? Algunas tienen un equipo profesional que les sugiere las fotos y las retocan después con un programa que las mejora.

—Ya. Es igual, son muy vistosas.

—Sí, sí que lo son, pero llevan una preparación, porque ellas no están siempre contentas. A veces también están tristes, tienen problemas y lloran, como todos, pero eso no lo publican.

—Sí, supongo. Así salen perfectas y guapísimas.

—La perfección no existe. Cada uno es como es, diferente, único. No te obsesiones con la imagen que ves, no es real.

—¡Cómo eres! Siempre le buscas tres pies al gato. Ellas son reales, lo que pasa es que buscan a las mejores.

—No le busco tres pies al gato. Solo quiero evitar que te hagas una imagen que no es real de un mundo que está lleno de postureo. Hay gente que se cree todo lo que ve y hacen auténticas aberraciones para parecerse a esas personas que no son reales.

—¿Como cuáles?

—Pues, por ejemplo, no comer para estar delgadas, y llegan a caer enfermas. Y algunas, operarse para parecerse a la perfección que venden en las redes sociales.

Laura quedó aterrada al pensar que algunas niñas podían caer enfermas para parecerse a las *influencers*. Ella no quería llegar a tanto, solo pretendía hacerse fotos como las de ellas en las que saliera más guapa y fuese admirada por sus amigos. Pero era cierto que en las redes se podían poner las imágenes que se quería, esas en las que se salía bien, y no poner las que no gustaban. En relación con este tema recordó a su amigo Invisible, que también había puesto una foto que no era suya, aunque eso no era postureo, era mentir, porque la quería engañar. Su madre le había dicho que en el mundo de las redes no todo era real, o no todo era lo que parecía ser, y quizá fuera lo que pasaba con su amigo secreto, que ni era tan especial ni era su amigo.

¿Por qué te gustaría parecerte a alguien influencer?

Sí, la gente *influencer* es muy guapa, pero debes saber que las imágenes que enseñan están preparadas para vender un modelo de belleza que no es el único. De hecho, no hay dos personas iguales; cada una tiene un aspecto físico diferente, y eso es lo más bonito, que seamos diferentes y tengamos nuestro atractivo especial.

68

15

Publicar

Tras la conversación con su madre, Laura siguió mirando distintas publicaciones. En una había un filtro de colores; en otra, de estrellas, y otra lo llevaba de conejitos. ¡Qué gracia tenían! Le gustaban tanto que pensó que ella también lo podía hacer. Por eso, activó la cámara y buscó los filtros que le ofrecía la aplicación. Enseguida encontró el de los conejitos. ¡Ja, ja!, rio mientras ajustaba su cara y comprobaba el resultado. Sí, estaba centrada. Confirmó e hizo la foto, que enseguida publicó porque, si no, la tenía que borrar y le había salido demasiado graciosa para eliminarla. Estaba hecho, ¡ya era una *influencer* de éxito! Pero su madre se dio cuenta y le fastidió el momento de gloria:

—¿Has publicado en mi cuenta?

—Sí.

—Te he dicho que me lo dijeras antes, que me pidieras permiso antes de publicar.

—Es que no pasa nada.

—Sí que pasa. Si no me haces caso, no te dejaré el móvil, ya lo sabes.

Laura no estaba de acuerdo con su madre; ella consideraba que no pasaba nada, aunque también era cierto que no sabía quién veía esas fotos ni quién las comentaba o las capturaba. Rosario, una amiga suya, le había contado que se habían burlado de ella por una foto que había publicado. Le habían dicho que estaba ridícula, gorda y fea. Le contó que hasta había llorado. Después, su madre le explicó que no tenía que hacer caso, que era gente que quería humillar, que no decían la verdad y pretendían hacer daño. A Laura no le había pasado nunca algo así, no se habían burlado de ella ni la habían insultado, pero si lo hiciesen no sabía cómo reaccionaría; quizá también lloraría. Además, se veía bien en las fotos, y cuando se las hacía no pensaba que la pudiesen humillar ni provocar. No entendía cómo se podían burlar de alguien a quien no conocían ni qué ganaban haciendo eso; no comprendía a las personas a las que les gustaba molestar, o hacerse las graciosas a costa de los demás.

Y en ese momento, su amigo secreto le envió un mensaje. Ella se dio la vuelta para que su madre no sospechase nada y leyó:

—Has salido muy ridícula.

—¿Por qué me dices eso? ¿Qué sabrás tú?

—Te veo, y lo sé. Seguro que puedes hacer otras mejores.

—¿Qué quieres decir?

—Que te he visto en otras fotos y eres muy guapa. La que me enviaste era mejor, y te podías hacer otras en las que salieses más favorecida.

—¿Tú crees que soy guapa y puedo ser *influencer*?

—Claro que lo puedes ser. Si te hicieras otras fotos y me las enviaras, yo te podría promocionar y te subirían los seguidores y los me gusta.

—¿Seguro? ¿Lo harías por mí?

—Claro, pero tienes que hacerte fotos más interesantes y no estas en las que sales fea y poco favorecida.

—No me digas eso, ¡yo me veo bien!

—Puedes estar mejor, hazme caso. Prueba con vestidos diferentes y planos más atrevidos.

Laura se quedó pensando. La idea de ganar seguidores y ser como las *influencers* que tanto le gustaban la seducía, pero al mismo tiempo le daba miedo. Podría probar y enviarle alguna foto más a su amigo; no perdía nada y ganaría fama. Y le contestó:

—De acuerdo, ahora voy. ¿Cómo la hago, de lado?

—No, mejor si te cambias de ropa y te pones algo mejor.

—¿De ropa? No sé, ¿y qué me pongo?

—Lo que quieras, o quítate la camiseta.

—¿Cómo? No, no, eso no, qué vergüenza.

—¡Qué cría eres! Si no lo haces, estarás fea como en la foto anterior.

—¿Y quién eres tú para decirme si estoy guapa o fea?

—Yo te veo, y ya sabes que controlo mucho. Puedes estar más guapa. Venga, hazte una como te digo y envíamela.

—No, no me la hago y no te la envío, porque no quiero.

Y cerró la aplicación, furiosa. Los comentarios de su amigo la habían ofendido mucho. ¿Cómo se atrevía a decirle que estaba fea? Eso era como una humillación o una burla, y los amigos no se burlan ni se insultan. Entonces recordó que su amigo podía no ser tan amigo, podía ser otra persona y querer engañarla para conseguir fotos u otras cosas. Recordó también que la foto del perfil era un engaño y evocó las palabras de su amiga Carla, que no se fiaba de él. Ahora entendía estas cosas y se repetía lo que le había contado Rosario sobre las burlas y humillaciones, y sintió rabia por dentro; estaba indignada. ¿Quién se creía que era Invisible para decirle esas cosas? No le gustaba cómo le había hablado, y llegó a la conclusión de que quizá no fuera tan simpático ni amigable como creía.

¿Te molesta que hagan comentarios sobre tu aspecto en las fotos?

No dejes que te afecten los comentarios. Tú puedes ser como quieras y nadie tiene derecho a burlarse de ti o a insultarte por ser como eres. Si alguien lo hace, avisa a tus padres y bloquea y denuncia a quien lo haya hecho. No le sigas el juego, no tienes nada que ganar.

16

Emoticonos

Al día siguiente, estaba en casa con su padre y le pidió el móvil. Quería decirle una cosa a su madre, que estaba trabajando.

—Papá, déjame el *whats,* que quiero decirle una cosa a mamá.

Su padre se lo dio después de advertirle de que se lo dejaba solo para hablar con su madre, que no aprovechara para jugar a su juego. Dijo que sí, que claro, lo tomó y abrió el WhatsApp de su padre, buscó la conversación de su madre y escribió «hola». Ella le contestó enseguida. Laura continuó enviándole una cara que le gustaba mucho, una con los ojos a punto de llorar. Y su madre le preguntó si estaba triste. Respondió que no, que por qué lo preguntaba. Y ella le dijo que por la cara, que era una cara llorosa, triste. Laura no había pensado en eso;

solo le gustaba, le parecía gracioso que hiciese como que lloraba, aunque ahora se daba cuenta de que no sabía qué significaba. Así que le envió otra sonriente. Su madre contestó que ahora sí, que esa sí que le gustaba, porque sonreía. Y Laura, orgullosa por el acierto, siguió enviando emoticonos. Le encantaban las caras, sobre todo las de gatitos, pues también las había de diferentes tipos: unas llorosas, otras sonrientes y otras que no sabía qué significaban. Se las envió todas juntas a su madre.

—¿Quieres algo, Laura?

—No, solo quería estar contigo.

—¿Estás bien? Como envías caras llorando...

—Sí, estoy bien, tengo ganas de verte, pero no estoy triste.

—De acuerdo, no me asustes. Ahora estoy trabajando, no puedo hablar contigo. Después te llamo.

—Bieeen, vale, pero déjame enviarte caras, que me gustan.

—Pero no estés mucho rato, y aprende a enviar las que quieres.

—¿Qué quieres decir?

—Que las caras significan cosas y tienes que aprender a enviar aquellas que demuestran lo que sientes o lo que quieres expresar.

—Ah, bueno.

Y se quedó pensando en lo que significaban los emoticonos y que tenía que aprender a usarlos de manera más correcta. Su madre le había dicho que expresaban sentimientos o emociones, así que imaginó alegría y eligió un gatito riendo; pensó en enfado, y encontró una cara con la boca hacia abajo; sorpresa, una cara con los ojos muy abiertos... Y así siguió el consejo de su madre y continuó explorando el significado de los emoticonos: el de la princesa, el de la chica bailando, el de otra corriendo; también algunos de objetos, como reglas, teléfonos, coches... Era divertido, y no era necesario escribir si lo que quería decir era fácil y estaba claro. En cambio, en otros casos, cuando no sabía lo que le pasaba, cuando estaba triste y no sabía por qué, o enfadada y no sabía con quién, necesitaba hablar con su madre, no tenía bastante con las caras para explicar lo que sentía.

¿Has pensado qué significan las caras del WhatsApp?

Las caras del WhatsApp significan distintos estados de ánimo y sirven para expresarlos, pero tienes que aprender a interpretarlas, o puedes decir cosas que no querías y hacer creer a las personas que sientes algo que no es.

76

17

Privacidad

Cuando se cansó de elegir emoticonos, siguió con los chats y miró los que tenía su padre. Y, mirando mirando, encontró uno con su tía en el que había una foto de un juguete que le gustaba. Pensó que quizá fuera para ella, ya que pronto sería su cumpleaños. Continuó leyendo y no entendió lo que decían, aunque estaba segura de que le habían comprado el juguete que quería. Decidió preguntarle a su padre.

—Papá, ¿por qué tienes la foto del juguete que me gusta? ¿Me lo has comprado?

—¿Y tú por qué miras mis conversaciones? ¿No sabes que eso no se hace?

No lo había pensado. Y ahora había estropeado la sorpresa. ¡Qué rabia! Quizá no debería haber mirado. Entonces entró un mensaje que no sabía de quién era.

Lo leyó, pero no sabía de qué hablaba. Y le dijo a su padre:

—Papá, tienes un mensaje.

—Dame a ver. Sí, ya está.

Su padre lo miró, respondió y se lo devolvió. Laura sentía curiosidad, así que buscó en las conversaciones para descubrir de qué se trataba y qué le habían dicho, si tenían comprado su regalo o todavía no. Siguió fisgando un rato más, aunque no comprendía la mayoría de las cosas que leía ni conocía a las personas con las que su padre conversaba. Y, mientras intentaba comprender algo, el móvil se bloqueó y ya no pudo usarlo.

—Papá, dime la contraseña, que se ha bloqueado.

—Espera, yo la pongo.

—No, dámela.

—Deja, deja.

¡Menudo morro! Su padre no se fiaba y ella se tenía que fiar de él y dejar que viera todo lo que hacía; en cambio, ella no podía mirar lo que él tenía. No era justo. Pensó que a sus amigas les dejaría las contraseñas porque, si eran amigas, no tendrían secretos. A pesar de todo, intentó adivinar la de su padre. Probó con su nombre, con el de ella y con alguna al azar, hasta que el móvil se bloqueó. Lo dejó encima de la mesa, disimulando, y se marchó a su habitación a jugar, ya que sabía que no había obrado bien. No tendría que haber insistido con la contraseña, y ahora se sentía mal por haberlo hecho. Seguro que su padre la reñiría.

79

¿Te gusta cotillear las conversaciones del móvil de tus padres? ¿Has valorado si eso está bien?

Las personas tenemos que respetar la privacidad (nuestra intimidad), también en el móvil, por eso no debes cotillear asuntos que no son tuyos.

18

El descubrimiento

Efectivamente, no había hecho más que esconderse en su habitación, creyendo que había evitado los reproches, cuando oyó a su padre llamarla con voz enfadada. Temerosa, salió para enfrentarse a las consecuencias de sus actos, aunque no sabía la magnitud de lo que se le venía encima:

—¡Lauraaa!

—Sí, papá, ¿qué quieres?

—Me lo has bloqueado.

—Sí, pero es que no me has querido dar la contraseña.

—Claro que no, porque no tienes por qué saberla. Las contraseñas son privadas, no se comparten con nadie, y tú no debes mirar lo que no es tuyo. Has de saber respetar el espacio de las personas, y más si son tus padres, como en este caso, porque no sé si entiendes que el móvil es mío, y te lo dejo como un favor, pero no como una obligación.

—Ya, y tú a mí sí que me lo puedes mirar todo, ¿no? Y enterarte de lo que hago y hablo con mi amigo invisible.

—No es lo mismo, porque tú eres mi hija y eres menor, y necesitas educación. Y eso es lo que hacemos nosotros, enseñarte. Pero ¿cómo has dicho? ¿Tu amigo qué?

—Un amigo que tengo en los juegos y que me enseña también muchas cosas...

—¿Que te enseña qué? A ver, dime dónde lo encuentras. Dime, ¿dónde?

—Hummm, en las conversaciones del juego y en algunos comentarios en mis publicaciones.

—¿Y por qué yo no lo he visto? ¿Por qué no me lo habías dicho? ¿Cómo habíamos quedado? Si te lo dejábamos tenías que mostrarnos todo lo que hacías, y nos has escondido a ese amigo invisible que vete a saber quién es y qué podría hacerte.

—No, no me ha hecho nada. Perdona, creía que no era importante, por eso no os lo había dicho.

Pero su padre ya no la escuchaba y revisaba las aplicaciones que ella utilizaba normalmente. Según pasaba el dedo por el móvil y descubría los chats, los comentarios y las fotos, los ojos se le abrían cada vez más y la boca mostraba un rictus de sorpresa primero y de rabia después. Casi no podía hablar. Apartó la vista del aparato, la miró con ojos de incredulidad y, finalmente, consiguió decir:

—Pero... pero, Laura, ¿qué has hecho? ¿Cómo has podido? ¿Cómo has hablado con ese... invisible sin saber quién es?

—Sí que lo sé. Es un niño como yo, me envió una foto.

—No, eso no es cierto. Se trata de una cuenta falsa, ¡y además le has enviado fotos!

—Sí, una vez, pero no pasa nada. Era una foto normal, no me quité la camiseta.

—¿Que no te quitaste la camiseta? ¿Por qué tendrías que haberlo hecho?

—Porque me lo pidió, pero no lo hice, no me fie. De verdad, papá, no ha pasado nada, solo es un amigo.

—Sí que pasa, Laura. Lo que has hecho es muy peligroso, y más lo que podía haber pasado. De momento no sabes para qué ha usado ese sujeto tus fotos y lo que habría podido hacer si hubieses seguido. Podía haberte hecho chantaje, pedido más fotos, y no quiero ni imaginar qué habría pasado si hubieras llegado a quedar con él o algo peor. Has sido muy inconsciente y has traicionado nuestra confianza. Cuando venga tu madre se lo contaré y ya veremos qué hacemos. De momento deja el móvil tranquilo una temporadita.

Laura calló, avergonzada, y más asustada a medida que oía a su padre. No había pensado que pudiera ser

83

tan peligroso lo que había hecho. Ella creía que era un juego inocente. El miedo y el nerviosismo por las palabras de su padre provocaron que rompiera a llorar desconsoladamente. Cuando su padre reparó en el estado de nervios en el que se encontraba, dejó de regañarla y la abrazó y la consoló como pudo, con palabras tranquilizadoras y suaves.

—Venga, Laura, no llores. No ha pasado nada, no te preocupes. Ahora ya lo hemos solucionado, hemos llegado a tiempo. No pasa nada, no llores más.

Ella dejó de llorar poco a poco y se sintió más reconfortada en brazos de su padre. Con él no le podía pasar nada, estaba segura y protegida. Un último sollozo marcó el final de la llorera y el inicio de las consecuencias de sus actos.

¿Es peligroso hablar por los chats con alguien que no conoces?

Es peligroso, porque no conoces las intenciones de esas personas, ni qué quieren de ti ni qué hacen con las fotos o los comentarios que les envías. Es mejor ir con cuidado y no fiarse de ninguna identidad hasta que compruebes o sepas claramente a quién pertenece.

19

El secreto

El secreto se había desvelado. Sus padres denunciaron la cuenta de su amigo invisible, que resultó ser un adolescente que se aprovechaba de niñas como ella, les pedía fotos y después les hacía chantaje y les exigía dinero. Era un delincuente de baja intensidad, ya que las menores no disponían de demasiado dinero más allá de la paga semanal, pero acababa de empezar y podía haber llegado a cometer delitos más graves. Por suerte, con ella no llegó al chantaje económico ni personal, aunque Laura estuvo a punto de entrar en su juego, porque se había fiado a pesar de que Carla y muchas pistas la habían advertido de lo contrario.

Respecto a las consecuencias para ella, pasó lo más previsible: le prohibieron usar el móvil, eliminaron las aplicaciones que tenía y le aseguraron que no lo

volvería a utilizar hasta que se mostrase responsable. Claro, que eso era lo mejor que le podía pasar, ya que tras lo ocurrido tenía miedo de volverlo a utilizar.

Entonces, pensó en su amigo secreto, en las mentiras que le había contado y que se había creído como una tonta, recordó los comentarios desagradables que le había hecho y la inquietud que le despertó. No obstante, a su imaginación llegaron los deseos que tenía de ser mayor para poder usar el móvil como quisiera, sin tener que pedir permiso a sus padres y sin limitaciones de tiempo. Antes de lo ocurrido, creía que tendría todas las aplicaciones y publicaría muchas fotos, jugaría a sus juegos favoritos y vería vídeos sin parar. Podría entrar hasta en los prohibidos. Quizá fuera una *influencer* y tendría muchos seguidores, y publicaría los vídeos de manualidades que tanto le gustaban. ¡Qué ganas había tenido de ser mayor!

Sin embargo, ahora descubría que toda esa fantasía que se había construido en su imaginación no era en absoluto real, porque de mayor también tendría que ir con cuidado: las redes sociales eran muy divertidas, aunque también escondían falsedades y engaños; tenían todo lo bueno y todo lo malo, y era necesario utilizarlas con cabeza. Ella todavía era demasiado pequeña, pero de mayor iría con cuidado para no caer en las trampas que se ocultaban en los móviles. Por suerte, Laura también tenía una buena familia y las mejores amigas y amigos del mundo, quienes la acompañaban siempre, la protegían y le daban buenos consejos que, a veces, no escuchaba.

¿Crees que los mayores pueden hacer todo lo que quieren con el móvil? ¿Qué harás tú?

Has de saber que las personas adultas no pueden hacer todo lo que quieren con el móvil ni dedicarle todo su tiempo. Ser mayor implica saber usarlo, no decir ni difundir mentiras a través de él y protegerse de personas que te quieran hacer daño, como debes hacer tú también.

89

20

Pascua

Era Semana Santa, y unos cuantos amigos del cole, con sus familias, estaban en el río. Llevaban las monas de Pascua para merendar, pero todavía no era la hora. Los adultos charlaban sentados en la hierba, mientras los pequeños estaban a su lado jugando con los móviles. Laura miraba por encima del hombro cómo jugaba Alberto, porque a ella todavía no la dejaban. De repente, un padre se dio cuenta y se dirigió al grupo de niños.

—¿Qué hacéis aquí absortos con los móviles, con el buen día que hace y el espacio que tenéis para correr? Venga, dejadlos y a jugar.

El resto de los padres estuvo de acuerdo y les pidieron los dispositivos, así que no tuvieron otra opción que jugar al pillapilla. Lo pasaron muy bien, sudaron y

se rieron; también se pelearon a veces, pero enseguida volvían a hacer las paces. Más tarde, los llamaron y acudieron a merendar. Sacaron las monas y se rompieron los huevos de Pascua unos a otros. Alguno se enfadó porque le rompieron más de uno, aunque pronto se olvidó.

Laura acabó el día cansada y sucia, pero contenta. Se lo había pasado tan bien con los amigos de siempre que, cuando llegó a casa, no tenía fuerzas ni para cenar. Se duchó, se puso el pijama y se fue a la cama. Cuando se estaba durmiendo, entró su madre y le dijo:

—¿Quieres el móvil para entrar a tu juego favorito?

—¿Eh? ¡Mamá, no te burles! ¡Tengo sueño!

—¿Y para hablar con tu amigo invisible?

—Deja de burlarte. Ya sé que hice mal, y no me volverá a pasar, te lo prometo.

—Me alegro, y ya has visto cómo te lo has pasado de bien sin él, porque no es necesario.

—Sí, es verdad, pero déjame, que tengo sueño.

—Hala, pues a dormir.

Le dio un beso y entrecerró la puerta. Laura se sintió segura y tranquila, protegida de los peligros que la amenazaban en el móvil, y el sueño le cerró los ojos como en un juego de esos en los que se acababa la batería.

La vida tiene muchas cosas buenas

Aprovéchalas, diviértete con tus amigos y amigas, juega y corre; y, de vez en cuando, también puedes usar el móvil, pero a ratos, porque la vida es demasiado bonita para pasártela atada a un objeto metálico como el que tú ya sabes.

Índice